유은희

수신되지 않은 말이 있네

애지디카시선 007

수신되지 않은 말이 있네

2023년 10월 17일 초판 1쇄 발행

지은이 유은희
펴낸이 윤영진
기획편집 함순례
홍 보 한천규
펴낸곳 도서출판 애지
등록 제 2005-000005호
주소 34570 대전광역시 동구 대전천북로 12
전화 042 637 9942
팩스 042 635 9941
전자우편 ejiweb@hanmail.net
ⓒ유은희 2023
ISBN 979-11-91719-20-8   03810

* 저자와의 협의에 의해 인지를 생략합니다.
* 이 책 내용의 전부 또는 일부를 재사용하려면 저자와 애지 양측의
  동의를 받아야 합니다.
* 이 시집은 (재)전북문화관광재단 2023년 지역문화예술육성지원사업에
  선정되어 보조금 일부를 지원받았습니다.

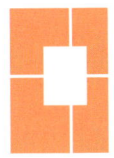

예지디카시선 007

수신되지 않은 말이 있네

유은희 디카시집

시인의 말

시는 어디에도 있었다.
묶인 개의 눈빛에도 버려진 소주병에도
자꾸 얼음을 끌어 덮는 고등어의 선잠에도
대부분 뒤편에 있었고 낮은 곳에 있었다.

시적 장면과 마주할 땐 몸을 낮출 수밖에 없었다.
여러 각도의 모습을 사진에 담고 말 걸었다.
그 표정의 안쪽을 보려고 가만 눈을 감으면
내 안쪽이 보이기도 했다.

그것들도 내게 말을 걸어왔다.
잠속에서도 머릴 감을 때도

어디에도 하찮은 것은 없다는 걸
의미 없는 것은 없다는 걸
디카시를 쓰면서 새삼 깨달았다.

2023년 가을
유은희

■ 차례

시인의 말 005

제1부
네가 켜는 한 개비의 불빛만으로도
나는 천 개의 잎으로 붉어져서

한 개비의 불빛만으로도 012
시 쓰기 014
모녀 016
뼬의 태생들 018
너와 괄호로 묶였다면 020
거울 022
보 024
혈연 026
굴레 028
염려 030
아직 수신되지 않은 말이 있네 032
뛰어넘을 용기는 없지만 034
고백 036

제2부
바람에 스치는 한 방울 연꽃의 눈물에
더 젖을 때가 있다

풍경소리 040
끝내는 만나져서 042
꽃 044
청산도 도락리 910번지 046
함성 048
거처 050
민심 052
겉보리별 054
어떤 결의 056
발상의 전환 058
이염 060
치매 062
써레질 064
모두 서둘러 마을로 내려갈 때 066

제3부
울지 않는 새는 낙오자가 된다
울지 않는 사람처럼

여 070
가훈 072
아궁이 074
빗장 076
울음의 간격 078
아버지 080
몸소 깨닫다 082
효도 잔칫날 084
화이트칼라의 오늘 086
청산도 엄니들 088
미싱 090
안부 092
금마댁 봉동댁 094
애써 아닌 척 096

제4부
당신이 아득히 멀어진 후에야
내가 섬이란 걸 알았습니다

섬과 섬 100
웅덩면 102
압다지 104
폐업 106
배웅 108
가족 110
새참 112
지게 114
구름나무 116
침잠 118
옥자 할머니 120
개미를 읽다 122
결국은 다 한 잎 124
몰랐습니다 126

제1부
네가 켜는 한 개비의 불빛만으로도
나는 천 개의 잎으로 붉어져서

한 개비의 불빛만으로도

너라는 방을 들여놓고

모든 혈관이 그곳을 중심으로 돌았다

네가 켜는 한 개비의 불빛만으로도

나는 천 개의 잎으로 붉어져서

후득, 후득 빗소리 뒤에 숨어 우는 날 많았다

시 쓰기

쇠를 부드럽게 구부리는 일

쇠에서 부리가 생기는 일

쇠가 새로 진화하는 일

그 새 무인도 하나쯤 거뜬히 옮기는 일

모녀

엄마, 바다가 잔잔하니까 들어가도 되죠
아니다, 오늘은 바다가 너무 잔잔하구나
파도가 몰려오면 무서워요
그 무서움이 우리로 하여금 하늘을 날게 했단다

뻘의 태생들

뻘밭에서 살아남은 것들 입마다
헹귀내도 빠지지 않은 울음을 다물었구나
게 구멍만 한 방 한 칸 들여 사느라
세상 뻘밭을 맨몸으로 기는 내 새끼들아
대물림한 가난을 다 해감하고 싶구나

너와 괄호로 묶였다면

삶이라는 문장에서
접속어 같은 아이를 낳고
초승달 닮은 지붕 아래
마주 오목해지겠지

거울

두 발버둥이 하나의 파문에 갇힌다
먹고 먹히는 몸부림이 그리는 원은 커다란 거울이다

그 거울을 통해 생과 사가 서로를 목격하는 찰나,
베인 강의 살갗으로 노을이 번진다

보

누굴 겨누지도 그렇다고 그러쥘 줄도 모르는 손들
한 번쯤 탁탁 손 털고서
빈손으로 우는 눈 가렸을 손들
바꿔 살아도 상관없을 손, 바닥들
떠밀려 온 하류끼리 겨울 볕을 나눠 쬐는 원동리

혈연

성격도 다르고 생김새도 다르지만

우린 한 핏줄인 거야

무너질 듯 무너지지 않는 건

달라서 서로의 틈을 괼 수 있기 때문이지

굴레

집 한 채와 밥그릇 하나에

목을 걸었다 한 발짝도 더는 벗어날 수 없다

짧은 쇠사슬보다 끈질긴 건

끼니에서 끼니로 이어지는 삶이 아니라

먼 기차 소리 따라 내달리고 싶은 못 말릴 마음이다

염려

서로를 가장 잘 볼 수 있는 거리에서

안부로 새를 보내오고 문득

달 한 척 풀어 기슭에 머물다 가는

아직 수신되지 않은 말이 있네

빗줄기 같았던 너의 말이 뚝 끊긴 후
한 번만 다시 걸려오길 기다리고 있다
공중전화 부스에 네가 놓고 갔을 동전 하나,
차마 하지 못했을 그 말의 무게가
찰그락, 가슴 밑바닥으로 떨어지는 순간이 있다

뛰어넘을 용기는 없지만

그대 새끼손톱에 꽃물 들여주고 싶은 마음

그 손가락에 모든 내일을 걸고 싶은 마음

고백

당신에게 닿기까지

배 밑이 헐고 돛이 찢기는 것쯤

아무것도 아니었습니다

시련은 폭풍우가 아닌 그리움이었습니다

제2부
바람에 스치는 한 방울 연꽃의 눈물에
더 젖을 때가 있다

풍경소리

수백만 구름이 몰고 온 장대비보다
바람에 스치는 한 방울 연꽃의 눈물에
더 젖을 때가 있다

끝내는 만나져서

온다는 약속은 없었지만

기다린다는 약속은 없었지만

끝없이 왔고

끝없이 기다렸다

꽃

살다보면 잡초밭에 꽃 필 날 없겠냐며
고개 숙인 자식 기 살려 보내놓고는
가난이 죄다, 가난이 죄다
목울음 꾹꾹 호미로 눌러 묻는

어머니, 당신이 꽃입니다

청산도 도락리 910번지

마당이 그림자 두 장을 인화하는 동안
어린 참새 일곱 마리 빨래집게에 울음소리만 물려
놓고
다 어딜 갔나
두 노인 서로 아닌 척 흐린 눈을 문지르네

함성

설마, 아직도 힘에 의해 바위가 들릴 거라 생각하니
기다려봐, 촛불 켜들고 모여들 풀꽃들을
그들의 함성이 끝내 바위를 들고 말 테니

거처

죽은 몸이 산 몸들의 거처가 되었다

산 몸들이 죽은 몸을 파고들어

죽어서도 서로 따뜻했겠다

민심

맨손끼리 척척 오른다

등을 넘겨주고 어깨를 내어주며

채널의 통계로는 잡히지 않는 바다 민심이다

겉보리별

하늘 가신 어머니는 비 갠 밤이면 내려와

품앗이로 받은 겉보리별 한 되

도구통에 붓고 가신다

어떤 결의

정작 무서웠던 건

불빛 하나 없는 밤이 아니라

변함없이 쨍쨍한 한낮의 질주였을지도,

울음 마개 틀어막고 일어서

이정표 없는 길의 방향을 스스로 묻고 있다

발상의 전환

모두가 한 방향을 가리키며

웅성웅성 그늘을 이룰 때

과감히 생각의 허리를 틀어봐

그 불안전이 너를 빛으로 이끌 거야

이염

빨강에 묻히고 마는 것들

빨강에 물들고 마는 것들

결국 한통속들

치매

짜고 매운 시절을 촘촘히 살아내느라
기억이 점점 풀려나가는 줄 몰랐을
아흔,

써레질

고르게 뿌리내려야 해,

자라면서 병들거나 약해지지 않아야 해,

무엇보다 바람을 잘 견뎌내야 해,

세상 흙탕물에 몸을 빠트려

자식이 뿌리내릴 바닥을 다지는 것이다

모두 서둘러 마을로 내려갈 때

우리 둘 더 깊은 곳으로 들자

불빛 하나 없는 환한 밤을 살다

눈 벽 허물어진 아침이 오면

돌아보는 맘 꾹꾹 찍어 서로 다른 방향으로

아득히 멀어지는 발자국이 되자

제3부
울지 않는 새는 낙오자가 된다
울지 않는 사람처럼

여

깊이 잠겨버린 줄만 알았다

잔잔하다가도 문득

물의 결을 헤쳐 오르는

얼굴,

가훈

어린 배를 데리고 나와

썰물일 때는 뻘을 가르치고

밀물일 때는 파도를 가르친다

자자손손 이어지는 뱃사람의 가훈

아궁이

어머니를 열면 무쇠솥 하나 걸려 있다

만삭의 산도産道는 점점 벌어지고 보리쌀은 끓는다

무쇠솥이 치마 밑으로 양수를 흘린다

늙은 산파 아궁이에 머리를 들이밀고

불씨 속에서 울음소리 하나 끌어낸다

빗장

몸 걸어 잠궜다고 마음까지 잠궈지랴

비로 들이치고 바람으로 새어들고

눈발로 젖어드는 걸

울음의 간격

저 한 땀 한 땀의 시침질은

울음의 간격이다

울음과 울음을 잇대어 길을 열어가는 새들의 연대,

울지 않는 새는 낙오자가 된다

울지 않는 사람처럼

아버지

줏대 있게 살아라 이르던 아버지는 정작

세상 앞에 허리를 숙였습니다

그 곧던 등줄기는 자식의 줏대로 내줬습니다

몸소 깨닫다

물결도 갈매기도 칠게도

뻘배를 밀고 꼬막 깨는 여자도

안개를 널고 있는 바람도 다 가로로 살아가는

바다의 경전을 몸으로 읽는 나무의 자세

효도 잔칫날

고샅의 유모차 다 모여 부린

분홍 블라우스들

틀니도 브로치도 가락지도 빈 잇몸도 활짝,

노인정에 만개한 늙은 목젖들

화이트칼라의 오늘

집에서는 출근한 남편

회사에서는 명퇴한 부장

날개 접은 가장들

청산도 엄니들

완도 오일장에 나가 참지름 폴고 마늘 폴고 깨 폴아
색색깔 블라우스 한 장썩 사 입은 오다리 엄니들
성님, 곱소!
오따, 동상도 영판 곱네!

미싱

한 번도 틈을 벌려 건너뛰지 않았다
밤과 낮을 덧대어 촘촘한 박음질로 살아왔다

어느덧 바늘 끝 휘고 무뎌진 몸
목을 물린 채 내몰린 한 마리 짐승

안부

텃밭 약 치다가 말고 서울 간 당숙
시동 꺼진 몸 병원에 뉘어 놓고
긴 호스를 당겨 삼 년째
탄저병 약을 치고 있나

금마댁 봉동댁

윗집 아랫집으로 시집 와
위아래 논밭 풀 매다 피 뽑다 말고
서로의 산파가 되었다지
가릴 것 없이 살아온 두 여든이
같은 자세로 지는 해를 바라보네

애써 아닌 척

다른 색을 칠했다고 네 맘이 숨겨지겠니?
옆구리에 작은 벨까지 차고 안 기다린 척은
몇 번을 고쳐 채운 자물쇠 자국 좀 봐
이미 너도 흔들리고 있었잖아

제4부
당신이 아득히 멀어진 후에야
내가 섬이란 걸 알았습니다

섬과 섬

그대와 나 일순간 세찬 파도로는
서로에게 머물 수 없다는 걸 알아요
힘껏 밀려오는 파도일수록 더 아득히 밀려가는 걸요
그러니 먼 훗날 그대 가슴 검은 펄로 황량해지면
그믐달 한 척 저어 잔잔한 물결로 가 닿을게요

웅덩면

해 뜨자마자 아, 아

마을 이장들 마이크 테스트

양지리에서 면민 노래자랑 열리는 날

정지마다 서둘러 상 놓는 장단 분주한 아침

압다지

새색시 때의 치마저고리 꺼내고
삼베 수의도 얌전히 꺼내더니
누런 고무줄에 돌돌 말린 지폐,
얼른 내 가방에 찔러넣고는
좀먹은 기억까지를 다시 개켜 넣던 어머니

폐업

식구들에게는 야근한다고 문자 남기고 달려와
깨질 듯 소리쳐도 듣는 이 하나 없었을

철썩거리는 빈속 일으켜
문 닫은 공장 향해 새벽길 달렸을

배웅

아가, 밥 거르지 말고 챙겨 묵어야 쓴다
몸 상하믄 안 되니라

배가 등대를 빠져나가고 눈에서 멀어질 때까지
물양장에 서 있는 구부정한 몸

가족

여보 더 바짝 다가와요

세상 외풍과 냉골에도 우리 품은 식지 않으니

네 식구 공장으로 대리운전으로 알바로 쫓기느라

언제 살 부비고 누워는 봤는가

얼음을 끌어 덮을수록 우리 꿈은 따뜻해질 거요

새참

국수가 불어 젖이 퉁퉁 불어

개울물이 불어 무논의 해가 불어

주전자는 넘실거리고

어린 뻐꾹새가 아기를 재우는 소리, 멀다

지게

돌짐을 진 아버지는 땅만 보고 걸었다
어느 하루 지게를 벗던 날
온몸으로 올려다 본 하늘이 눈부셔
영영 눈을 감아버렸다

구름나무

세상 환호에 화답하듯 꽃만 피워냈다
꽃 지면 떠날 눈길들인 걸 모르겠는가
모두들 나를 꽃나무라고 보았겠지

침잠

하늘은 노을을 벗고

등대는 기다림을 벗고

배는 바다를 벗고

나는 외투를 벗고

비로소 깊어지는

옥자 할머니

열여덟에 시집 와 그 이듬해 남편 보내고

여자를 걸어 잠그고 살았다지

여든아홉에야 문고리를 풀고

옷고름 여민 쪽진머리 새색시로 올라갔다지

개미를 읽다

냄새가 방향이고 소통인 개미는

먹이를 찾으면 다른 이들을 위해 그 냄새를 흘리며 간다네

서로의 냄새를 잇대어 바늘땀처럼 가는

이 긴 문장 앞에 나는 발을 들고 섰네, 벌섰네

결국은 다 한 잎

제아무리 대가리 굴려 윗물에 놀았대도

살랑살랑 꼬리를 쳤대도

몰랐습니다

당신이 아득히 멀어진 후에야
내가 섬이란 걸 알았습니다
이곳이 망망대해란 걸 알았습니다
당신이 정박해 있는 동안은
내가 외딴 섬인 걸 몰랐습니다

애 지 디 카 시 선

허수아비는 허수아비다	복효근 디카시집
고단한 잠	김남호 디카시집
우주정거장	이시향 디카시집
무죄	오정순 디카시집
가장 좋은 집	박해경 디카시집
꽃 트럭	이태희 디카시집